tredition®

www.tredition.de

AF196127

Kurzer Lebenslauf

Charlotte Fröhlich wurde am 01. Mai 1947
in St. Johann in Tirol geboren.

Ihr Vater war gebürtiger Tiroler und ihre Mutter stammte aus Westfalen. Somit war für die Autorin und ihrer Schwester ein stetiger Wohnortswechsel vorbestimmt. Die ersten sechs Jahre verbrachte sie in Tirol, die nächsten sechs in Münster in Nordrhein -Westfalen. Sie selbst bezeichnet sich dadurch oftmals als „Wolpertinger".

Am liebsten war und ist sie in Tirol, und liebt ihr Land und Leute, die dort leben, welche Natur, Mensch und Tier wertschätzen. Die Autorin wurde sehr früh Mutter und hat 3 erwachsene Töchter und vier Enkelkinder. Vierzig Jahre waren ihre Kinder und Enkelkinder das Wichtigste in ihrem Leben.

Erst im Rentenalter fand sie Zeit sich auf ihre Talente zu besinnen und fing an, Bücher zu schreiben. Zur Entspannung malt sie autodidaktisch Bilder, die sie am liebsten an ihre Familie verschenkt.

Die Autorin war lange Zeit Gastronomin in Bayern und hat mit vielen Menschen gesprochen, viel Leid und Freud erlebt und viele Schicksale bedauert. Sie hat viel zu berichten und möchte der zukünftigen Generation noch weitere Geschichten erzählen.

Die Autorin

Charlotte Fröhlich

VITA

Geboren am 1.Mai 1947 in St. Johann in Tirol
Geschieden, 3 Töchter, 4 Enkelkinder
Ehemalige Gastronomin,
Nun Malerin und Autorin
Email: cha-mai@t-online.de

© 2020 Charlotte Fröhlich

Verlag und Druck: Tredition GmbH,
Halenreie 40-44, 22359 Hamburg

Paperback: 978-3-347-35695-5
Hardcover: 978-3-347-35696-2
e-book: 978-3-347-33897-9

CHARLOTTE FRÖHLICH

***

DAS SPIEL IN DEINEM GEHIRN

…..sei du der Dirigent deines Gehirns

Vorwort

Niemand auf dieser Erde kann die Vollkommenheit der Befähigung eines Gehirns abändern oder gar kopieren. Es ist wie ein Werkzeug für jeden und so möchte es auch genutzt werden, ansonsten beginnt

das Spiel der Synapsen

Schon als Embryo entwickelt sich das Gehirn entsprechend und würde es perfekt, nach dem Prinzip der Willenskraft ein Leben lang tun. Vorausgesetzt die Erzieher respektieren die angeborenen Charaktereigenschaften genügend, damit die Neugier dem Menschen die Hand reicht und ihm seinen Weg zeigt, um seine vorgegebenen Ziele durchzusetzen. Der Mut dazu dehnt sich nach jedem Erfolg aus. So entwickelt sich dieses Wesen automatisch zum Autodidakten und erreicht alles was ihm erstrebenswert genug erscheint. Der erzieherische Einfluss verfolgt meist eigene Ziele und unterbindet die natürliche Fähigkeit, sodass der Mensch verunsichert zum Spielzeug der eigenen Gedankenwelt wird und oftmals keinen Ausweg findet.

Der Wille

Das Gehirn ist das kleinste Organ in unserem Körper und dirigiert alle Funktionen in uns.

Zur Bedienung des Gehirns benutzt man den Willen,

mit zwei Schaltfunktionen
eine „Ja"   =   **Motivation Funktion**
eine „Nein"   =   **Desinteresse Funktion**

Dazwischen liegt Denken ohne Handeln = Grübeln. Das ist, simpel gesehen der Anlasser, der unserem Gehirn Befehle erteilt.

Als kleines Wesen gilt vorerst nur der „Ja"- Wille, der ohne Umwege an das Gehirn geleitet wird. Tausendmal werden durch den „Ja" - Willen tapsige Bewegungen gemacht: so oft – bis sich jede Bewegung zu einem kleinen Punkt im Gehirn formt, den man dann, während des ganzen Lebens, nur durch seinen Willen automatisiert, gegebenenfalls erweitert und verbessert. Das „Nein" - Desinteresse des Willens wird durch Erfahrungen anderer Menschen oder durch eigene Erfahrungen (Ekel/Schmerz/Schreck) als Angst im Gehirn manifestiert und führt zu Desinteresse und kann nur durch Lockungen höher gestellter Wünsche im Gehirn verändert werden.

Kurs 1)

Wie ändere ich meinen „Ja/Nein" Schalter im Gehirn

Genetische Voraussetzung des Gehirns

Ich gehe mal davon aus, dass unser Gehirn eine genetische Grundlage hat und hatte, die sich mit Umwelteinflüssen und mit eigenen Erfahrungen vermischt und durch gewollte Lernprozesse unserer Leistungsfähigkeit immer wieder optimiert.

Meine Vorstellung war und ist, dass mein Gehirn ein Klavier ist, meine Synapsen die Tasten und der Klang meine Seele, das Gesamte mich ausmacht. Die Menschen um mich, sind mein Publikum. Und ich bin der DIRIGENT!!!

Mein Glück war meine genetische Voraussetzung, mein Umfeld und die Gnade der uneingeschränkten Freiheit, die wenigen „Neins" und die vielen Erklärungen gekoppelt mit Geduld von Menschen, welche meine Kindheit begleiteten. Die Natur, samt dem Tierreich waren meine stillen Lehrmeister. Mein Vorteil ist und war immer, die Neugier und Wissbegierde, die mir mehr Bedeutung sind als materieller Besitz und mich somit völlig unabhängig machen, weil Wissen und Können immer mein Eigentum bleiben und ich nie Angst haben muss, mich zu verspekulieren.

Unbewusstes Sein

Nun ist es so, dass viele Menschen, die Toten und Lebenden, eine Unendlichkeit an Wissen erforscht und weitergegeben haben.

Da wir eine Seele haben, die in unserem Unterbewusstsein heimisch ist und alle Emotionen unseres Lebens bewacht und somit uns mit allem Wissen der Erde verbindet und inspiriert.

Wenn wir unbewusst, unsere Seele fühlen und an ihre Existenz fest glauben, sind wir mit allen Seelen (lebende und verstorbene), wie in einem Netzwerk verbunden, dann sind uns Visionen, die weiterhelfen unsere Ziele zu erreichen, gewiss,

Die Zukunft kann man nicht sehen, nur erahnen – so, wie die Seele auch.

Visionäre folgen einen inneren Antrieb (Seele). Sie gehen mit offenen Augen durch die Welt, erkennen Probleme und wollen sie lösen (- da beginnt der Denkprozess -), vorausgesetzt Vertrauen zu ihren eigenen Fähigkeiten und Kenntnissen, sich von einer großartigen Vorstellung (Wissen der Seele) inspirieren lassen, um neu zu formen.

Merke:

Sorgen gibt es in diesem Falle nicht, nur Lösungen!

Auch nicht Grübeln, da sofortiges Handeln stets motivierend ist und durch den Erfolg Stolz fühlen ist Dünger für die Botenstoffe.

Kurs 2: Wo finde ich meine Potenziale

Komfortzone/Kohärenz

Da sich manche Menschen nur schwer verändern, teilen sie sich in bestimmte Zonen ein. Keineswegs ist es in eine besser oder schlechter. Es ist ein geprägter Weg des Lebens, welcher die Achtsamkeit unbewusst (=ist immer die Seele) in diese Richtung lenkt.

In dieser Zone leben Menschen in gewohnter Umgebung, verbleiben dort, beschützen und behüten alte Werte und würden niemals diese Zone verlassen. Die weite Welt bedeutet ihnen wenig und ebenso fremde Kulturen und andersdenkende Menschen. Ihr Gehirn verweilt ständig im Zustand der Kohärenz und will keine Veränderungen. Durch angepasste, anerzogene Erziehung sind diese Menschen zu Objekten geworden. Um die Erwartungen der Erzieher und der Gesellschaft gehorsam zu erfüllen, unterdrücken sie von klein an die eigenen Bedürfnisse, haben kaum Berührung zu sich selbst, geraten allein bei dem Gedanken, eine angepasste Lebensart abzuändern, um eigene Potentiale zu finden und zu entfalten, in Panik und flüchten in Rituale, die oftmals lebensgefährlich sein können

Kurs 3)

Wie verändere ich Rituale und Gewohnheiten

Unbewusste Zone der Visionäre

In dieser Zone halten sich Menschen auf, die sich nicht anpassen und verbiegen lassen. Ihnen gehört das ganze Universum, welches sie zu erobern gedenken. Sie sind offen und aufgeschlossen allen Menschen und deren Ideen gegenüber. Sie sind achtsam, nehmen Dinge wahr, die eher unwahrscheinlich sind aber ihr Interesse und ihre Motivation weckt. Sie verlassen sich auf sich selbst und sind sich immer der eigenen Fähigkeiten und Kenntnisse bewusst, welche sie ständig verändern. Ihre Synapsen sind so angelegt, dass jede neue Erkenntnis nach einem Pendant sucht, welches lösungsorientiert angelegt ist.

In der größten Panik würden sie zeitnah leistungs- und lösungsorientiert handeln, während andere noch zweifeln und diskutieren.

KURS 4) Wie werde ich Visionär

Denken und Grübeln

Die meisten Menschen, die ich treffe, sind Grübler und Zweifler.

Da ich mittlerweile der Dirigent meines Gehirns bin, weiß ich auch warum.

Ich befehle meinem Gehirn, wann es denken soll, z.B. wenn ich schreibe oder weiß, dass nach oder beim Denken, eine Handlung erfolgt, d.h., dass mein Wille, „ja" gesagt hat.

Ich habe das oftmals ausprobiert, z.B.,

…im Schlaf werde wach, weil ich auf die Toilette muss: ich denke im Halbschlaf darüber nach, weil ich nicht aufstehen mag (*nein -Option*) und nichts passiert. Wenn ich nun auch noch grübeln anfangen würde, hätte ich meinem Gehirn das Kommando gegeben, zu grübeln, warum ich ausgerechnet jetzt um 4 Uhr morgens auf die Toilette gehen muss, wer schuld daran ist, wo ich mich angesteckt haben könnte usw.

Das könnte ich nun noch einige Stunden machen, bis es zu spät ist und der Wille dringliches das Kommando an das wirkungslose Hirn erteilt.

„STEH AUF UND GEHE SOFORT AUF DIE TOILETTE!!!"

Und schon funktioniert das.

Denken ohne zeitnahes Handeln bringt Grübeln, verbraucht Zeit und Energie ohne Erfolg!!!!

(Übrigens: Unser Denkorgan von ca.86 Milliarden Neuronen braucht im Schnitt 516 Kilokalorien, d.s. 20 % der Gesamtenergieverbrauchs, um die ganzen Funktionen im Körper zu versorgen. Die größten Energiefresser sind die Synapsen).

Dann kann man sich gut vorstellen, dass auf alle Fälle dieses nächtliche Grübeln keinesfalls nachhaltig ist, viel unnütze Energie verbraucht und selbstverständlich zur täglichen Müdigkeit führt, dass dann wiederum, auf einen längeren Zeitraum gesehen, zu wenig Energie für den täglichen Handlungsbedarf verbleibt.

Kurs 5) Wie stelle ich das Grübeln ab

Nährung des Körpers

Ganz vorsichtig sollte man sein mit der Zuführung von Speisen und Getränken. Ebenso vorsichtig, mit der Verinnerlichung dieser gewaltigen Informations-flut

Wenn zu viel, falsches Essen und Trinken in den Köper geschüttet wird, schmälert dies zusätzlich den Energiebedarf. Enorm ist auch der Energieverbrauch beim Filtern dieser täglichen Informationsflut.

Auf lange Sicht gesehen, führt dies zu Krankheiten.

Das Gehirn ist selbst nicht in der Lage, die geform-ten Synapsen umzuwandeln. Dazu gehört der Wille mit dem Befehl an das Gehirn!

Ist zu wenig Energie für die Willenskraft übrig, kann logischerweise kein Kommando abgegeben werden, welches Kraft erfordert.

Dazu muss man einen Plan gestalten und durchfüh-ren. Nach einiger Zeit hat man die Synapsen umge-leitet und für Energie gesorgt. (ungefähr so; als wür-de man im Handy einige energiefressende Apps lö-schen, um wieder mehr Energie für sinnvolle Apps zu haben).

Wenn man das nicht allein kann, dann muss man eben einen Experten zu Rate ziehen, der einen kluge Anweisungen gibt;

Gewohnheiten

Gewohnheiten und Rituale im Gehirn zu eliminieren ist wohl ein sehr schwieriges Unterfangen.

Diese Rituale finden meist in der Komfortzone statt. Das Gehirn dieser Menschen ist so programmiert, dass sie

a) nichts verändern

b) nichts auflösen

c) die Erwartungen der anderen nicht enttäuschen

d) folgsam und korrekt bleiben

Da diese Art zu leben, immer weniger Lebensfreude mit sich bringt, um das Belohnungszentrum im Gehirn auf natürliche Art und Weise zu beglücken, schafft man sich Rituale, die jahrelang gepflegt werden und die eigene Motivation daran etwas zu ändern nimmt ständig ab.

Einige Beispiele für diese Rituale:

Ein Mann in guter Position mit bestem Gehalt hat Ärger mit seinen Vorgesetzten. Wegen des fantastischen Gehalts ist er, wie gewohnt, in diesen 4 o.g. Punkten, die er ja als Objekt kennt, gefangen und wird sich klugerweise nicht verändern. Es bleibt ihm nichts anderes übrig als zu schweigen, Sein Gehirn ist in Aufruhr, will eine Lösung, finden, um den Zustand der Kohärenz zu erreichen.

Er setzt sich zu Hause vor dem TV, holt sich Bier, Essen und Zigaretten. Er vergisst die Problematik und gerät in einen Ruhezustand, quasi in Kohärenz. Das Belohnungszentrum im Gehirn erhält die Nachricht, nach Ärger, egal welcher, immer dieses Ritual nutzen. **Ärger wird später belohnt.**

Eine Mutter, sehr gut verheiratet, mit 3 Kindern, einen Hund. Der Mann ist erfolgreich und selten zu Hause. Das Finanzielle liegt in der Hand des Ernährers, das andere bewältigt die Frau und Mutter. Viele Jahre ziehen übers Land. Gefühlsmäßig entfernt sich der Mann immer mehr und ist immer seltener zu Hause. Sie wird traurig und die endlosen Gespräche führen zu nichts. Die Frau wird einsam und schenkt sich immer öfter ein Gläschen ein und schon bei kleineren Schmerzen nimmt sie Tabletten. Sie ahnt, dass sie etwas ändern muss. Verfällt ins nächtliche Grübeln. Da sie weiß, dass sie am nächsten Tag unendlich müde sein wird, nimmt sie Schlaftabletten ein.

Fazit: sie ist bereits gefangen in einer Tablettensucht. Man muss sich vorstellen, dass diese Rituale

sich im Gehirn wie eine breite Straße im Belohnungszentrum ausbreiten und irgendwann ist Ärger
etwas Gutes, da es dafür eine Belohnung oder Tabletten gibt und alles ist ertragbar. Es ist sehr schwie-
rig, diese Rituale ohne Hilfe umzuändern.

Kurs 6)   Wie gestalte ich einen Plan

Eure Kinder

Das Thema Kinder ist eine Herzensangelegenheit von mir und mit einer großen Bitte an alle Mütter und Väter, an Lehrer und Vorgesetzten, gerichtet.

Macht nicht andere Menschen zum Objekt und schon gar nicht kleine Menschen.

Es soll uns allen ja gelingen, die Lebewesen, die wir auf die Erde geholt haben, so zu begleiten, dass sie glückliche, selbstbestimmende Menschen sein können. Sie dürfen nicht dazu benutzt werden, um eigenen Vorstellung zu entsprechen.

Die Zutaten sind. die Wärme, die Zeit und die Liebe zu den Kindern, soll so sein, als würde man einen Kuchen backen und wenn man alles richtig gemacht hat, freut man sich, weil der Kuchen, sowie auch das Kind, gut gelungen ist.

Kinder gehören uns nicht,

sie sind lediglich eine Leihgabe

Weil es so wichtig ist für die Menschheit und oberstes Gebot für die Zukunft, habe ich einen Kurs vorbereitet, indem besprochen wird, wie man Abstand nehmen kann, um nicht das eigene Kind zu verbiegen.

Kurs 7

Wissenswertes über die Veranlagung des Gehirns im Embryo

Veränderungen

Die meisten Menschen wollen sich nicht verändern. Sie wollen, dass immer alles gleich ist.

Das Leben und die Natur (wozu auch der Mensch gehört) ist auf ständige Veränderungen eingestellt ist. Die Kunst gut zu leben ist, sich auf Veränderungen einzustellen.

Lebewesen, die sich ausprobieren wollen, finden in einem tiefen innerlichen Brunnen viele Potenziale in sich, die gut, in welches Leben auch immer, eingebaut werden können. Es fehlt vielleicht das Interesse, viele trauen sich nichts zu.

Lasst euch inspirieren, ihr werdet erstaunt sein.

Webinar: kostenfrei

Weg der vielen Möglichkeiten

Termine sh.

munich-line.de

munich-line-coachy.net

Epilog

Die meisten Menschen kennen Liebeskummer. Mein größter Liebeskummer war, meine Kinder loszulassen und zuzuschauen, wie sie ihren eigenen Weg beschreiten, ohne zu dokumentieren und reglementieren. Da erscheint plötzlich ein tiefes Loch und man merkt, dass man sich selbst ganz vergessen hat.

Man hat seine Talente und Potenziale in großem Abstand von sich ferngehalten.

Ich habe mich erinnert daran, was ich am liebsten machte als Kind und das war malen und schreiben. Ich bin einfach in einen Künstlerbedarf Laden gegangen und habe mich umgeschaut. Sofort liebte ich den Geruch und spürte großes Interesse an allen Produkten. Stundenlang habe ich mich aufgehalten und dann eingekauft.

Als ich zuhause war, hatte ich riesig Lust, alles auszuprobieren und malte mein erstes Bild, machte schöne Musik, schenkte mir ein Glas Rotwein ein. Das Bild war gut und gefiel mir sehr. So begann ich mein Talent zum Malen auszubauen mit größter Freude. Meine Kinder hatten wohl Gefallen an den Bildern, da sie diese auf nimmer Wiedersehen mitnahmen und zuhause aufhängten.

Das war für mich ein Zeichen, dass ich weiter malen sollte. Ich wurde immer besser und es machte mir riesig Spaß und ich erntete viel Lob.

Früher habe ich öfters Artikel an Zeitschriften geschrieben, die veröffentlicht wurden. Unzählige Gedichte schrieb ich im Laufe meines Lebens. Dann habe ich angefangen ein Buch zu schreiben. Es war so spannend, genauso spannend wie lesen.

Die Freude und Lust ließen mich in einem Jahr drei Bücher veröffentlichen.

Meine Kreativität und meine Vitalität wuchsen mit jedem Erfolg.

Erwähnenswert ist auch, dass ich mit meinem Hausfrauen Fahrrad von München nach Wien geradelt bin. Am Stephansplatz betrachtete ich mein Fahrrad und konnte nicht fassen, dass ich dies geschafft hatte. Viele dieser wundervollen Momente ziehen sich durch mein Leben und je mehr ich mir zutraute, um so spannender wurde mein Leben

Niemals hätte ich geglaubt, dass diese Fähigkeiten in mir ruhen. Ich war und bin fasziniert über diesen tiefen Brunnen, der sich heimlich in uns allen befindet.

Nun probiere ich, mein Wissen und Können an Menschen weiterzuleiten und diese zu ermutigen, den Brunnen in sich zu finden. Drückt mir die Daumen.

Meine Webseite

www.munich-line.de

Meine Bücher

Meine Bilder

Angebotene Kurse zu diesen Themen

Kurs 1

Wie ändere ich meinen „Nein" Willen

Das Gehirn ist das kleinste Organ in unserem Körper und dirigiert alle Funktionen in uns. Zur Bedienung des Gehirns benutzt man den Willen, mit zwei Schaltfunktionen eine „Ja" = Motivation Funktion eine „Nein" = Desinteresse Funktion Dazwischen liegt Denken ohne Handeln = Grübeln. Das ist, simpel gesehen der Anlasser, der unserem Gehirn Befehle erteilt. Als kleines Wesen gilt vorerst nur der „Ja"-Wille, der ohne Umwege an das Gehirn geleitet wird. Tausendmal werden durch den „Ja" - Willen tapsige Bewegungen macht: so oft – bis sich jede Bewegung zu einem kleinen Punkten im Gehirn formt, den man dann, während des ganzen Lebens, nur durch seinen Willen automatisiert, gegebenenfalls erweitert und verbessert. Das „Nein" - Desinteresse des Willens, wird durch Erfahrungen anderer Menschen oder durch eigene Erfahrungen (Schmerz/Schreck) als Angst im Gehirn manifestiert und führt zu

Desinteresse und kann nur durch Lockungen höher gestellter Wünsche im Gehirn verändert werden.

27

- Negative Gedanken erkennen
- Positives an negativen Gedanken finden
- Umfeld positiv stimmen
- Positive Geschehnisse suchen
- Negatives vermeiden

Dieser Kurs dauert vier Wochen. Es gibt eine kleine Prüfung.

Kurs 2

Wie finde ich mein Potenzial?

Genetische Voraussetzung des Gehirns

Ich gehe mal davon aus, dass ein Gehirn eine genetische Grundlage hat, die sich mit Umwelteinflüssen und mit eigenen Erfahrungen vermischt und durch gewollte Lernprozesse meine Leistungsfähigkeit immer wieder optimiert. Meine Vorstellung war und ist, dass ein Gehirn ein Klavier ist, die Synapsen die Tasten und der Klang die Seele, das Gesamte das Wesen ausmacht. Die Menschen um einen sind das Publikum. Ein Glück ist eine genetische Voraussetzung, ein gutes Umfeld und die Gnade der uneingeschränkten Freiheit, die wenigen „Neins" und die vielen Erklärungen gekoppelt mit Geduld von Menschen, welche die Kindheit begleiteten. Die Natur, samt dem Tierreich waren meine stillen Lehrmeister. Der Vorteil ist die Neugier und Wissbegier, die mehr Bedeutung einnimmt, als materieller Besitz und somit völlig unabhängig machen, weil Wissen und Können immer eigenes Eigentum bleiben und man nie Angst haben muss, sich zu verspekulieren.

- Sich selbst erforschen
- Die eigenen Wünsche finden
- Den eigenen Bedarf erkennen
- Die eigenen Kenntnisse festlegen
- Die eigenen Ängste sehen

Dieser Kurs dauert vier Wochen. Es gibt eine kleine Prüfung.

Kurs 3

Wie gewöhne ich mir Rituale ab

Da sich Menschen nur schwer verändern wollen. teilten sie sich in zwei Zonen ein. Keineswegs ist eine besser oder schlechter. Es ist ein geprägter Weg des Lebens und trägt auch sinnvoll zur Gestaltung der Gesellschaft bei, lenkt die Achtsamkeit in bestimmte Richtungen.

1. Komfortzone

In dieser Zone leben Menschen in gewohnter Umgebung, verbleiben dort, beschützen und behüten alte Werte und würden niemals diese Zone verlassen wollen. Die weite Welt bedeutet ihnen wenig, ebenso fremde Völker und Kulturen Ihr Gehirn verweilt ständig im Zustand der Kohärenz und meidet Veränderungen. Durch angepasste, anerzogene Erziehung sind diese Menschen zu Objekten geworden und erfüllen die Ansprüche der Familie und des Staates. Um die Erwartungen zu erfüllen, fügen sie sich folgsam in die Gesellschaft ein und unterdrücken von klein auf die eigenen Bedürfnisse und haben dadurch keine Berührung zu sich selbst gewonnen. Sie gelangen schon bei den Gedanken, sich verändern zu müssen, in Panik und flüchten in Ritualen und Gewohnheiten, die oftmals gesundheitsschädlich sich erweisen und auch lebensgefährlich sein können.

- lernen sich selbst zu spüren
- wie weit kann man sein Verhalten ändern
- höher gestellte Bedürfnisse kennenlernen
- Rituale in kleinen Etappen abbauen und Umwege finden.

Dieser Kurs dauert vier Wochen. Es gibt eine kleine Prüfung.

Kurs 4)

Wie werde ich Visionär*in

In dieser Zone halten sich Menschen auf, die sich nicht anpassen und verbiegen lassen. Ihnen gehört das ganze Universum, welches sie zu erobern gedenken. Sie sind offen und aufgeschlossen allen Menschen und deren Ideen gegenüber. Sie sind achtsam, nehmen Dinge wahr, die eher unwahrscheinlich sind aber ihr Interesse und ihre Motivation weckt. Sie verlassen sich auf sich selbst und sind sich immer der eigenen Fähigkeiten und Kenntnisse bewusst, welche sie ständig verändern. Ihre Synapsen sind so angelegt, dass jede neue Erkenntnis nach einem Pendant sucht, welches lösungsorientiert angelegt ist.

In der größten Panik würden sie zeitnah leistungs- und lösungsorientiert handeln, während andere noch zweifeln und diskutieren.

- Was ist eine unbewusste Zone in meinem Gehirn
- Wie kann ich diese Zone nutzen
- Was kann ich damit bewerkstelligen
- Wie binde ich diese in meine Entscheidungen ein

Der Kurs dauert vier Wochen. Es gibt eine kleine Prüfung.

Kurs 5
Wie stelle ich Grübeln ab?

Die meisten Menschen, die ich treffe, sind Grübler und Zweifler.

Da ich mittlerweile Meister meines Gehirns bin, weiß ich auch warum.

Ich befehle meinem Gehirn, wann es denken soll, z.B. wenn ich schreibe oder weiß, dass nach oder beim Denken, eine Handlung erfolgt, d.h., dass mein Wille, „ja" gesagt hat.

Ich habe das oftmals ausprobiert, z.B.,

…im Schlaf werde wach, weil ich auf die Toilette muss: ich denke im Halbschlaf darüber nach, weil ich nicht aufstehen mag (*nein- Option*) und nichts passiert. Wenn ich nun auch noch grübeln anfangen würde, hätte ich meinem Gehirn das Kommando gegeben, zu grübeln, warum ich ausgerechtet jetzt um 4 Uhr morgens auf die Toilette gehen muss, wer schuld daran ist, wo ich mich angesteckt haben könnte usw.

Das könnte ich nun noch einige Stunden machen, bis es zu spät ist und der Wille dringliches das Kommando an das wirkungslose Hirn erteilt.

„STEH AUF UND GEHE SOFORT AUF DIE TOILETTE!!!"

Und schon funktioniert das.

Denken ohne zeitnahes Handeln bringt Grübeln, verbraucht Zeit und Energie ohne Erfolg!!!!

(Übrigens: Unser Denkorgan von ca.86 Milliarden Neuronen braucht im Schnitt 516 Kilokalorien, d.s. 20 % der Gesamtenergieverbrauchs, um die ganzen Funktionen im Körper zu versorgen. Die größten Energiefresser sind die Synapsen).

Dann kann man sich gut vorstellen, dass auf alle Fälle dieses nächtliche Grübeln keinesfalls nachhaltig ist, viel unnütze Energie verbraucht und selbstverständlich zur täglichen Müdigkeit führt, dass dann wiederum, auf einen längeren Zeitraum gesehen, zu wenig Energie für den täglichen Handlungsbedarf verbleibt.

- Wie unterscheide ich denken von grübeln
- Wie unterbinde ich grübeln
- Wie stelle ich grübeln ab und leite denken ein

Dieser Kurs dauert vier Wochen. Es gibt eine kleine Prüfung

Kurs 6

Wie mache ich einen Plan, um meine Synapsen anders zu verbinden

In diesem Kurs geht es grundsätzlich darum, Rituale und Gewohnheiten im Gehirn umzuleiten. Dazu benötigt man einen Plan, wie man effektiv die Umleitung starten kann, um unliebsame Gewohnheiten als unattraktiv im Gehirn zu manifestieren. Wenn man diesen Plan Stück für Stück verfolgt, ist die Verbindung zwischen dem Produkt und der Gewohnheit für immer eliminiert.

Im Einzelnen kann ich diese Gewohnheiten hier nicht festhalten. Jeder Mensch hat sich im Laufe des Lebens einiges angewöhnt, dessen Verzicht nur durch enorm starke Willenskraft besiegt werden kann.

Über diese Willenskraft verfügen die meisten Menschen nicht und somit sind sie dem Spiel der Synapsen vollkommen ausgeliefert.

Z.B., den Körper mit falschem Essen und Trinken zu überfordern, schmälert zusätzlich den Energiebedarf. Auf lange Sicht gesehen, führt dies zu Krankheiten. Ebenso mit Genussmitteln aller Art und vieles mehr.

Das Gehirn ist selbst nicht in der Lage, die geformten Synapsen umzuwandeln. Dazu gehört der Wille mit dem Befehl an das Gehirn!

Ist der Wille zu schwach, um eine Änderung vorzunehmen, kann man das Gehirn quasi täuschen.

Dazu muss man einen Plan gestalten und durchführen. Nach einiger Zeit hat man die Synapsen umgeleitet.

- Welche Gewohnheiten möchte ich loswerden

- Wie erstelle ich einen Plan speziell für mein Problem

- Persönliches Coaching zur Besprechung des Plans

Dieser Kurs dauert vier Wochen. Es gibt eine kleine Prüfung.
Dieser Kurs verfügt über ein Upgrade. Wird während des Kurses besprochen

Kurs 7
Wissenswertes über das Gehirn eines Embryos

Das Thema Kinder ist eine Herzensangelegenheit von mir und mit einer großen Bitte an alle Mütter und Väter, an Lehrer und Vorgesetzten.

Macht nicht andere Menschen zum Objekt und schon gar nicht kleine Menschen.

Es soll uns allen ja gelingen, die Lebewesen, die wir auf die Erde geholt haben, so zu begleiten, dass sie glückliche, selbstbestimmende Menschen sein können. Sie dürfen nicht dazu benutzt werden, um die eigene Vorstellung zu entsprechen.

Die Zutaten, die Wärme, die Zeit und die Liebe zu den Kindern soll so sein, als würde man einen Kuchen backen und wenn man alles richtig gemacht hat, freut man sich, weil der Mensch gut gelungen ist,

Weil es so wichtig ist, biete ich hier einen Kurs an, um Wissenswertes über das Gehirn und dessen Entwicklung im Stadium des Embryos bis zum 2. Lebensjahr zu erfahren und zu unterstützen, damit hier keine dauerhaften Schäden entstehen, welche den Menschen ein ganzes Leben quälen.

- Wie entwickelt sich ein Gehirn aus der Ei-zelle
- Welche Erbanlagen sind bereits angelegt
- Was und wie vollzieht sich die in dem Ge-hirn
- Wie lernt ein Gehirn

Dieser Kurs dauert vier Wochen. Es gibt eine kleine Prüfung.

Höre nicht auf die
Laute der Menschen

Folge
Der
Stille
Der Natur

Nur dort findest du die Wahr-
haftigkeit

Zeitfracht Medien GmbH
Ferdinand-Jühlke-Straße 7
99095 Erfurt, Deutschland
produktsicherheit@kolibri360.de